DE

LA NÉCESSITÉ

DE CONSERVER ET D'AUGMENTER

LES TROUPES

D'INFANTERIE INDIGÈNE

EN ALGÉRIE;

DES RÉDUCTIONS A APPORTER AUX DÉPENSES QU'ELLES ONT OCCASIONNÉES JUSQU'A PRÉSENT,

ET DES MOYENS A EMPLOYER POUR CONSOLIDER LEUR INSTITUTION.

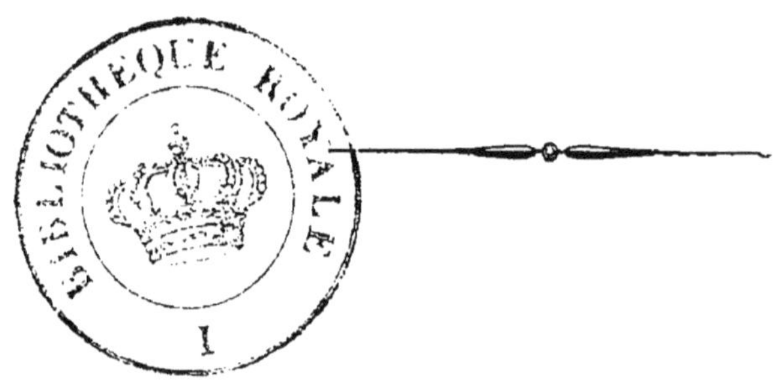

A TOUL,

CHEZ HISS, IMPRIMEUR-LIBRAIRE,
RUE MICHATEL, N° 558.

Décembre 1844.

TOUL, IMPRIMERIE DE HISS, RUE MICHATEL, 558.

AVERTISSEMENT.

Je n'avais jamais eu l'intention de faire imprimer ce mémoire; si je m'y suis déterminé, c'est que j'ai éprouvé ici, pendant mon congé, beaucoup de difficultés à en faire transcrire à la main quelques copies qui m'étaient nécessaires.

Comme j'ai traité, à différentes époques, plusieurs questions, relatives à l'organisation des corps indigènes en général et à celle du bataillon que je commande en particulier, il m'avait paru inutile de répéter ce que j'avais déjà dit.

Si j'avais pu prévoir que ce dernier travail dût être livré à l'impression, je me serais appliqué à le rendre plus correct et en même temps plus complet, en y réunissant les observations que j'ai produites antérieurement.

Quoiqu'il en soit, je n'en recommande pas moins la lecture; car il établit la discussion sur des principes dont l'adoption peut, à mon avis, servir de base à l'Institution des Troupes Indigènes en Algérie.

Toul, le 16 décembre 1844.

CH. VERGÉ.

NÉCESSITÉ DE CONSERVER

ET D'AUGMENTER

LES TROUPES D'INFANTERIE INDIGÈNE

EN ALGÉRIE;

DES RÉDUCTIONS A APPORTER AUX DÉPENSES QU'ELLES ONT OCCASIONNÉES JUSQU'A PRÉSENT, ET DES MOYENS A EMPLOYER POUR CONSOLIDER LEUR INSTITUTION.

EXPOSITION.

Les observations que je vais consigner dans ces notes se rapportent particulièrement aux troupes d'Infanterie indigène; elles ne s'appliquent pas toutes à la Cavalerie dont l'organisation s'appuie sur des bases différentes. Ainsi je crois que l'on peut sans inconvénient laisser aux Spahis plus de liberté, ne pas exiger dans leur costume une régularité aussi complète, ne pas les astreindre à la discipline et au service intérieur auxquels sont assujétis les cavaliers français; enfin qu'il n'est pas même nécessaire de les réunir dans un quartier et qu'il faut leur permettre de vivre un peu à leur guise, tout en subordonnant cette faculté aux conditions des localités auxquelles ils appartiennent. L'on n'en aura pas moins d'excellentes troupes de cavalerie légère, que l'on ralliera facilement au besoin et dont on pourra faire un emploi très-utile, sous bien des rapports.

Il n'en est pas de même de l'Infanterie. L'éducation d'un fantassin, son entretien demandent une surveillance et un soin tout particuliers. Il est indispensable pour arriver à bien instruire et à bien former à la guerre une troupe d'Infanterie, à lui donner la cohésion et l'ensemble qui constituent sa véritable force, qu'elle soit constamment réunie, exercée convenablement, casernée, débarrassée de ses mauvais éléments, en un mot qu'elle puisse être mobilisée à volonté et utilisée de toute manière.

Il y a quatorze ans que nous occupons Alger; et depuis cette époque l'organisation de l'Infanterie indigène a été mise souvent en question. Dans le principe, on avait pensé qu'il valait mieux former des corps purement indigènes, sans mélanges d'éléments étrangers, en leur donnant toute fois des cadres composés d'officiers et de quelques sous-officiers français. Plus tard, l'on a abandonné cette idée et l'on a cru qu'il était préférable de les constituer d'une manière mixte, en mêlant les nationaux aux indigènes; que ces derniers comprendraient mieux ainsi les exigences de notre service et s'y habitueraient plus vite. Enfin l'on en est revenu au premier mode, et l'on a créé les trois bataillons de tirailleurs indigènes. Je suis convaincu que cette récente organisation est la meilleure, sauf quelques modifications qu'il conviendra d'y apporter et qui ont été signalées.

Il semblerait donc, d'après ce qui précède, que l'on a toujours été d'accord sur l'indispensabilité de la création des corps d'Infanterie indigène, et que jusqu'à présent les opinions n'ont varié que sur le mode d'organisation à suivre.

Cependant, j'ai acquis la preuve que l'utilité de ces troupes est aujourd'hui vivement contestée, et que les principales considérations qu'on leur oppose sont d'une part politiques, et tiennent d'une autre aux dépenses qu'elles occasionnent. Je crois donc qu'il est essentiel, avant de traiter les questions secondaires, de démontrer d'abord la nécessité de leur existence, qui résulte de l'occupation même du pays. J'en viendrai ensuite à discuter les dépenses auxquelles elles peuvent donner lieu; mais cet article clora mon travail. Je veux le faire précéder d'un chapitre très-important, sur lequel l'attention, selon moi, ne s'est pas assez reposée jusqu'à présent; c'est celui relatif à la désertion.

CHAPITRE PREMIER.

Nécessité de la conservation et de l'augmentation de l'infanterie indigène.

De même que nous profitons des ressources que nous offre le pays en céréales, en bestiaux, en produits de toute nature, il me semble naturel d'y puiser aussi celles que présente la population, de l'utiliser en la façonnant au métier des armes et d'en faire des troupes auxiliaires, aptes à nous rendre des services tout aussi bien en Europe qu'en Algérie. Celle-ci nous appartient incontestablement; c'est un vaste département dépendant de la France, comme les autres, qui doit nous fournir également l'impôt en argent, en nature et en hommes.

L'on se plaint quelquefois des exigences politiques qui nous contraignent à porter l'effectif de notre armée à un chiffre considérable, ce qui enlève une partie des nationaux à la culture, au commerce, à l'industrie, etc. ; quand nous avons en Afrique une ressource précieuse qui nous permet d'effectuer une économie sur la consommation des enfants de la mère-patrie , pourquoi n'en userions-nous pas ? L'Algérie est aux portes de la France, et il suffit d'un laps de temps très-court pour y faire arriver les contingents qu'elle peut lui fournir. A toutes les époques, et dans tous les âges, les vainqueurs ont

mis à contribution le peuple vaincu et les premières
obligations qu'ils lui ont imposées ont été sa co-
-opération à la guerre, et l'assujétissement au service
militaire. Les Romains, ces conquérants du monde,
nous en fournissent de nombreux exemples ; si nous
passons à des temps plus modernes, nous en retrou-
vons la preuve à chaque pas ; le témoignage de
l'histoire est irrécusable et ses enseignements ne
sont pas à dédaigner.

Nous sommes en Afrique dans des conditions
identiques à celles qui ont fait agir les conquérants
qui nous ont précédés, et l'époque est arrivée où
nous devons tirer profit de tous les éléments qu'elle
renferme dans son sein, et qui sont devenus notre
propriété.

Si l'on envisage la question sous un autre point
de vue, les conclusions en viendront encore à
l'appui de l'opinion que je cherche à faire prévaloir.
Maintenant que la conquête est résolue, que le peuple sauvage est subjugué, quelle est la principale
mission que nous avons à remplir? n'est-ce pas celle
de combattre ses instincts farouches, d'adoucir ses
mœurs, de répandre au milieu des contrées qu'il
habite les lumières de la civilisation.

Car je ne suppose pas qu'il entre dans la pensée
d'un homme raisonnable de vouloir ériger en principe cette opinion que quelques personnes ont
émise, mais sans en bien comprendre probablement
toute la portée : Qu'il faut opérer un désarmement
général; qu'il est dans notre intérêt de laisser les

indigènes dans l'ignorance et dans l'abrutissement ; de les considérer, ainsi que le faisaient les Turcs, comme autant d'animaux domestiques, dont il convient d'utiliser à notre avantage le travail et les produits ; que pour les mieux tenir dans la soumission et dans l'asservissement, il ne faut les faire participer en rien aux bienfaits de notre état social, etc. Le sens commun et l'humanité ont déjà fait justice, j'en suis sûr, d'un pareil système, et il est inutile de le combattre un seul instant.

Je ne veux pas dire, en parlant de la mission que nous devons nous imposer vis-à-vis des indigènes, qu'il faille dès aujourd'hui travailler à en faire des avocats, des littérateurs, des poëtes ; j'entends par les initier à la civilisation, leur apprendre à mieux se vêtir et se coucher, à avoir des habitations plus commodes et mieux construites, à améliorer leur mode de culture et de plantations, enfin à tirer profit de ce qu'il y a de bon dans ceux de nos usages et dans celles de nos institutions qui peuvent leur être applicables.

C'est néanmoins une rude tâche, plus difficile peut-être que celle de la conquête, mais pour l'accomplissement de laquelle nous ne devons rien négliger. L'organisation des troupes indigènes est un puissant moyen d'y parvenir, et lorsque des régiments, composés en totalité d'Arabes et de Kabiles, auront séjourné pendant quelques années en France et que les indigènes qui en feront partie, après s'être frottés à notre contact et avoir joui du bien-être et des douceurs de la vie européenne, rentreront dans leurs foyers, il est évident pour moi qu'ils y rapporteront et y jetteront des semences bien propres à consolider l'avenir de notre occupation.

Parmi les considérations que l'on oppose à la conservation des corps d'Infanterie indigène, il en est une qui au premier coup-d'œil ne paraît pas dénuée de fondement, et peut faire naître de vives inquiétudes. En donnant aux indigènes une bonne instruction militaire, en les initiant à nos secrets sur l'art de la guerre, sur nos ressources intérieures et nos moyens de défense, n'a-t-on pas à redouter que, dans un soulèvement général, ils ne fassent usage contre nous de l'éducation qu'ils auront reçue et des connaissances qu'ils possèderont, et que nous n'ayions été nous-mêmes les artisans de notre propre ruine?

Ces craintes me paraissent exagérées. Il ne s'agit pas de renvoyer tous les régiments français, et de ne faire occuper l'Algérie que par des troupes indigènes. Ce serait une imprudence dont la pensée ne peut venir à l'esprit de personne; ce serait faire une épreuve des suites de laquelle nous aurions sans contredit à nous repentir. Il faut rester fort en Afrique avec les éléments nationaux; il faut que les corps indigènes n'y soient que des auxiliaires, utiles contre l'ennemi, mais placés dans des conditions telles, qu'ils ne puissent jamais devenir pour nous, ni embarrassants, ni nuisibles. Avec les forces que nous conserverons, ils rempliront ce but; et

nous n'aurons qu'à nous applaudir d'avoir fait pros-
pérer leur institution.

Un soulèvement général est-il d'ailleurs présu-
mable? Il y aura bien, de temps à autre, quelque
révolte isolée ; il pourra bien arriver que quelque
tribu, travaillée sourdement par des mécontents
dont les menées n'auront pas été soupçonnées, se
mette en état d'hostilité contre nous et ne rentre
dans le devoir qu'après avoir été sévèrement châ-
tiée ; mais il n'est réellement pas possible que toutes
les populations se soulèvent en masse ; il n'y a pas,
pour cela, assez d'affinités et d'entente parmi les
tribus ; elles sont beaucoup plus étrangères les unes
aux autres qu'on ne se l'imagine, par les coutumes,
les mœurs et même le langage ; elles nourrissent entre
elles de vieilles haines que le temps a été jusqu'à
présent impuissant à éteindre. Et si l'on examine en
outre la répartition actuelle des troupes, la manière dont le pays est occupé, et la disposition des
postes qui l'enveloppent, l'étreignent et le gardent
sur tous les points vulnérables, toute appréhension
d'une rébellion ouverte, instantanée et générale,
s'évanouira bien vite.

Ce n'est donc pas sous ce rapport, que l'organisation de l'Infanterie indigène peut nous être préjudiciable un jour, ainsi que quelques personnes
semblent disposées à le croire.

Il va sans dire que je raisonne dans l'hypothèse
que nous sommes bien déterminés à conserver
notre conquête intégralement, et à ne jamais revenir

aux idées d'une occupation restreinte, ou purement littorale ; ce serait vouloir ramener la situation à ce qu'elle était, à peu de choses près, en 1830 ; ce serait la pensée la plus funeste qui pût présider à notre occupation en Afrique. Dans ce cas, l'organisation des corps indigènes, tout aussi bien des Spahis que de l'Infanterie, nous deviendrait on ne peut plus pernicieuse et fournirait des armes terribles à nos ennemis. Mais cette dernière supposition est-elle admissible? L'état de choses actuel, les progrès de toute nature qu'a fait notre établissement dans le pays, n'ont-ils pas levé maintenant tous les doutes que l'on avait pu manifester jadis à cet égard?

Il est inutile de répéter ici ce qui a déjà été dit bien des fois, et souvent constaté ; c'est que dans beaucoup de circonstances les indigènes peuvent être employés plus utilement que les soldats français, par la connaissance qu'ils possèdent des localités, des usages des tribus et de leur manière de combattre ; par les facilités qu'ils ont à entrer en relation avec les habitants du pays, à les tranquilliser au besoin, ou à en obtenir des renseignements précieux, selon l'occasion.

Les indigènes sont plus propres à devenir de bons soldats d'Infanterie que l'on n'est généralement porté à le croire. Ils sont vigoureux, bien découplés, d'un tempérament sec ; ils sont habituellement sobres et susceptibles de faire de longues courses, en demeurant exposés à la soif et à la faim qu'ils peuvent supporter, sans que leur santé en soit altérée.

Il y a parmi eux deux races distinctes, celles des Arabes et des Kabyles ; la dernière peut fournir les meilleurs fantassins, parce qu'elle se compose de gens habitués à vivre dans les montagnes, à courir au milieu des rochers et des précipices, à braver les intempéries de toutes les saisons. Les Kabiles sont toujours à demi-vêtus, marchent tête et pieds nus, manient bien leurs armes et sont presque tous d'habiles tireurs. Quoique les Arabes ne les valent pas, il n'y en a pas moins un excellent choix à faire parmi eux ; tous ne sont pas exclusivement cavaliers, et même il en est beaucoup de ceux-ci qui sont parfaitement exercés à la marche, et qui lutteraient avec avantage contre nos plus intrépides coureurs.

Il ne faut pas se dissimuler que l'éducation des uns et des autres ne présente des difficultés, et que ce ne sera pas de prime-abord, du jour au lendemain, qu'on leur inculquera nos principes militaires, qu'on les accoutumera à faire usage de notre chaussure, à porter un sac rempli de vivres et de munitions ; il faudra du temps et de la patience ; mais une fois les premiers obstacles surmontés, ils se plieront facilement à notre genre de service et lorsqu'ils seront bien instruits et façonnés, ils formeront une troupe qui en vaudra bien une autre. Il est vrai de dire que ce sont précisément les labeurs de cette première éducation qui ont fait déserter un grand nombre de nos hommes de recrue, qui se trouvant transportés dans une sphère en dehors de leurs habitudes ont éprouvé une grande répugnance pour le service auquel ils s'étaient voués d'abord, n'ont pu s'astreindre à ses exigences et à notre discipline, et y ont mis d'autant moins de persévérance qu'ils ont trouvé plus de facilités à s'en affranchir. Mais lorsque la désertion leur sera devenue impossible, et qu'il faudra qu'ils restent soldats, bon gré malgré, ils finiront par s'identifier à un genre de vie qui leur avait paru incompatible avec leur manière d'être, et ils perdront peu à peu le souvenir de leurs habitudes primitives. Cela est si exact, qu'il en est un bon nombre qui après avoir vaincu ces répugnances instinctives, servent avec goût dans nos rangs depuis plusieurs années, y ont contracté des rengagements, et sont devenus de très-bons soldats.

Il faut ajouter, que lorsqu'on aura fait usage de mesures efficaces pour réprimer la désertion, les troupes indigènes, outre les services spéciaux que nous avons indiqués plus haut, rendront encore tous ceux que l'on est à même d'obtenir des soldats français ; elles pourront être employées aux travaux des routes, au défrichement des terres, à l'assainissement des marais, dans les expéditions de toute nature, soit que les colonnes sillonnent le pays de l'Est à l'Ouest, ou qu'elles le parcourent du Nord au Sud ; il n'y aura aucun genre de travail ou de service auquel elles ne soient aptes.

En résumé et pour clore ce chapitre, je répéterai que la conservation des troupes indigènes, loin de nous causer des inquiétudes et des embarras, doit servir au contraire à affermir notre conquête, aider nos efforts civilisateurs et compenser une partie des frais auxquels l'occupation nous entraînera pendant quelques années encore ; l'on en saisira mieux la preuve, lorsque j'aurai traité ce qui a rapport aux dépenses qu'occasionneront ces troupes ; mais je parlerai d'abord de la désertion, sujet sur lequel je ne saurais appeler une attention trop sérieuse.

CHAPITRE DEUXIÈME.

De la Désertion.

La désertion est la plaie la plus funeste qui puisse exercer ses ravages sur les corps indigènes ; elle est l'ennemie acharnée dont ils ont été constamment la proie depuis l'époque où l'on a songé pour la première fois à les organiser ; c'est elle qui a occasionné les diverses transformations qu'ont subies les Zouaves, qui a fini par en faire un corps français de troupe indigène qu'ils étaient ; c'est elle qui a présidé au licenciement des Chasseurs Algériens, lorsqu'ils ont été fondus dans le 1er régiment de Chasseurs d'Afrique ; c'est elle encore qui a décimé les Spahis, après leur première organisation, et a déterminé leur dissolution en 1839 ; enfin c'est elle qui continue à éclaircir les rangs des troupes indigènes, créées par les ordonnances royales du 7 décembre 1841, et qui fait mettre aujourd'hui leur existence en question. Celles-ci en ont plus ou moins souffert, selon l'arme à laquelle elles appartiennent, et en raison des provinces où elles ont été organisées.

Mais pour donner plus de justesse à mes observations et écarter le reproche que l'on pourrait m'adresser de mettre le pied sur un terrain qui m'est étranger, je prendrai le corps que je commande pour exemple, et lui emprunterai les remarques et les réflexions que je vais produire. Je suis persuadé néanmoins que les unes et les autres sont applicables aux corps indigènes en général et qu'il convient de prendre à l'égard de tous, en ce qui touche la désertion, des mesures promptes et énergiques.

Je ne sais si l'on s'est bien rendu compte de ce qui a amené le dépérissement successif des différents corps que je viens d'énumérer. J'ai fréquemment ouï dire tout le mal possible des troupes indigènes ; j'ai entendu blâmer sans cesse leur organisation et prédire souvent la non-réussite des essais tentés en leur faveur ; mais je n'ai jamais remarqué que l'on eût saisi les causes qui ont arrêté leur développement et neutralisé leurs éléments de prospérité ; c'est dans la désertion seule qu'il faut les rechercher.

J'ai étudié pendant longtemps les moyens à employer pour la prévenir ; j'ai cru qu'elle était produite par les mauvais traitements, par l'insuffisance de la solde ou des allocations en nature, par une trop grande sévérité dans la discipline, par le mode d'administration dont on avait fait usage jusque là vis-à-vis des soldats indigènes, enfin par leur assujétissement au travail. La plupart de mes observations ont été accueillies ; leur solde leur a été conservée intégralement ; le pain leur a été rendu ; leur coopération aux travaux n'a eu lieu qu'avec les plus grands ménagements ; j'ai pu moi-même les administrer et exercer sur eux le commandement selon ma manière de voir ; rien n'y a fait ; la désertion s'est bien arrêtée de temps à autre, mais elle s'est bientôt ravivée avec une nouvelle intensité, et toutes les mesures que j'ai prises, toutes les prévisions dont j'ai tiré profit, tous les efforts que j'ai mis en œuvre n'ont abouti qu'à me faire reconnaître mon impuissance.

J'en suis venu à cette conviction, qu'il n'y a aucun moyen à employer pour la prévenir, si ce n'est la répression même contre ceux qui s'y livrent.

Il est donc de la plus haute importance de ne rien négliger pour arriver à ce résultat : dans un mémoire que j'ai présenté l'an dernier, je me suis déjà occupé de cette question, et j'ai soumis diverses propositions qui avaient pour but de faciliter l'arrestation des déserteurs, en intéressant d'une part les indigènes du dehors à leur capture, et en imposant d'une autre l'obligation aux chefs de tribus de ne souffrir sous aucun prétexte, qu'on les accueillît et qu'on leur donnât asile.

J'ai fourni depuis fréquemment des renseignements propres à les faire découvrir, en indiquant les localités où ils avaient pu se retirer, leurs affinités de parenté et d'alliance, ainsi que les intérêts de fortune dont ils avaient momentanément fait l'abandon à leur entrée au service.

Mais toutes ces tentatives n'ont eu jusqu'à présent aucun succès, et depuis l'organisation du corps, sauf quelques rares exceptions, il ne m'a été possible de faire arrêter, que ceux de nos déserteurs qui sont venus, pour ainsi dire, se livrer eux-mêmes en fréquentant nos villes et nos marchés, dans l'espoir qu'ils n'y seraient point reconnus et inquiétés. Aussi l'impunité des coupables a-t-elle produit la fâcheuse conséquence d'encourager les autres à commettre les mêmes actes.

Un pareil état de choses n'est pas tolérable et ne peut se prolonger. Depuis deux ans que le corps existe, six cents hommes environ ont été déclarés en état de désertion ; et près de trois cents fusils ont été enlevés. C'est l'État qui a supporté cette perte, et si l'on y ajoute celles résultant des premières mises accordées à ces déserteurs qui sont disparus pour la plupart en emportant leurs effets d'habillement, de linge et chaussure et de campement, elles s'élèveront à un chiffre qui sera considérable et effrayant (*).

(*) Je joins ici l'état numérique de tous les déserteurs du corps, depuis l'époque de son organisation, 1er août 1842, jusqu'au 1er octobre 1844. Cet état désigne nominativement les tribus auxquelles appartiennent les déserteurs, et indique également le nombre de fusils qu'ils ont emportés. J'ai déjà donné la plus grande partie de ces renseignements, au fur et à mesure que les cas de désertion se sont présentés ; mais je crois utile d'en faire aujourd'hui la récapitulation et de les fournir de nouveau ; car l'arrestation de tous les déserteurs, sur lesquels on pourrait mettre la main, produirait un excellent effet, et serait d'un exemple salutaire. Cet état peut servir en outre à nous faire restituer les armes qui nous ont été enlevées et de la disparution desquelles les chefs indigènes peuvent être rendus responsables, puisqu'elles ont été portées dans leurs tribus, où elles doivent exister encore pour la plupart.

Je suis le premier à dire que si une telle situation devait durer, il vaudrait beaucoup mieux licencier les corps indigènes, ou les laisser s'éteindre, que de demander à les conserver et à les augmenter; car non-seulement la dépense occasionnée par leur entretien est doublée de cette manière, mais encore, c'est qu'il est impossible d'organiser et de discipliner une troupe composée de semblables éléments, et prête sans cesse à vous échapper, pour peu que vous employiez à son égard des mesures de rigueur, dans l'intérêt de sa bonne tenue et de sa police. Certainement, s'il n'y avait aucun remède à cette situation, il serait préférable de dissoudre les troupes indigènes et de n'y plus songer.

Examinons donc la question sous cette face. Parce que le mal a été grand, est-ce un motif de s'en effrayer et d'abandonner la partie? Je crois avoir démontré suffisamment dans le premier chapitre de ces notes les avantages inappréciables attachés à l'organisation des troupes indigènes, les ressources précieuses qu'elles peuvent nous offrir, et l'intérêt puissant que nous avons à consolider et à améliorer leur institution. Avons-nous réellement tout tenté pour atteindre ce but? Eh bien, selon moi, tout le problème consiste dans la solution de cette question :

La désertion est-elle ou non réprimable?

J'ai déjà exprimé mon opinion à cet égard, mais les réflexions qui vont suivre la feront mieux connaître encore.

L'amour du changement, assure-t-on, est naturel

5

aux Arabes et prend sa source dans leurs habitudes, dans leur manière de vivre, dans l'esprit d'indépendance qui est le fond de leur caractère, et dans la constitution de leur état social; je ne le nie pas, mais je prétends que ce n'est pas seulement à eux que l'inconstance est naturelle, qu'elle l'est à tous les hommes, quelle que soit la race à laquelle ils appartiennent, et que, pour les tenir en général, quels qu'ils soient, assujétis au service militaire, il faut qu'ils aient bien la persuasion qu'il ne leur est pas loisible de s'en affranchir.

Je soutiendrais même volontiers cette thèse, que je ne crois pas les soldats indigènes de l'Algérie plus enclins à la désertion que ceux des autres peuples. On taxe les premiers de versatilité, parce que, dit—on, n'étant point appelés au service par la loi, et n'y étant admis que sur leur demande, ils ne devraient point prendre en aversion ce qu'ils ont désiré eux-mêmes. Mais combien y a-t-il, en France par exemple, d'enrôlés volontaires qui, après six mois de service, donneraient tout au monde pour obtenir leur libération. Je suppose un instant que nous ne disposions sur le territoire français d'aucun moyen répressif contre la désertion, qu'il ne s'y trouve point de registres de l'État civil, que nous n'ayions ni préfets, ni maires, ni gendarmerie; je mets en fait que les rangs de notre armée s'éclairciraient bien vite ; ce serait à qui s'empresserait d'aller retrouver, les uns une famille qu'ils affectionnent, les autres un coin de terre qui réclame l'activité de leurs bras, ceux-ci un atelier qu'ils ont quitté à regret, ceux-là des études qu'ils ont été forcés d'abandonner, etc. ; jeunes soldats, enrôlés volontaires, remplaçants, s'échapperaient à l'envi pour se soustraire à la discipline militaire et rentrer dans la vie civile ; il ne resterait sous les drapeaux que le plus petit nombre.

Il ne faut donc pas conclure, de ce que les indigènes désertent, qu'ils ne soient pas aptes à devenir de bons soldats ; il vaut beaucoup mieux mettre obstacle à la désertion.

La désertion a nui dans tous les temps à la discipline et à la bonne constitution des armées. Il a toujours été reconnu qu'elle était le fléau le plus terrible qu'elles eussent à redouter, et qu'il n'y avait point d'armée possible, tant que l'on ne disposerait pas de moyens efficaces pour la réprimer. Aussi a-t-elle été considérée comme un crime, et a-t-on cru devoir infliger aux déserteurs les peines les plus sévères ; il n'est point de rigueurs dont la loi ne les ait jugés dignes. Au fur et à mesure que les gouvernements ont affermi leur puissance et assis leur autorité sur des bases solides, la désertion est devenue plus rare, et elle a fini peu à peu, pour ainsi dire, par disparaître.

Il doit en être de même en Algérie. Je ne m'étonne pas que, dans les premiers temps de l'occupation, les corps indigènes aient fourni un grand nombre de déserteurs ; tout le pays était, ou livré à l'anarchie, ou insoumis ; nous ne gardions que quelques points du littoral et n'exercions aucune influence dans l'intérieur. C'était véritablement alors que l'organisation des corps indigènes était une mesure à la fois ruineuse, dangereuse et impolitique; c'était confier nos armes et nos munitions à des hommes qui, la veille nos ennemis, étaient à même d'en faire le lendemain usage contre nous. Quelles garanties avions nous contre les projets de vol et d'assassinat qu'ils pouvaient nourrir, en se faisant admettre dans nos rangs? Il fallait nous en rapporter à leur bonne foi; cela n'était-il pas illusoire? Plusieurs d'entre eux, bien dirigés par les officiers qui les commandaient, nous ont rendu cependant de signalés services; mais les uns et les autres, impatients du joug et de la discipline, ont fini tôt ou tard par nous abandonner.

Nous sommes loin, grâces à monsieur le maréchal Bugeaud, de nous trouver aujourd'hui dans de semblables conditions. A l'exception du pays montagneux compris entre Dellis et Djidjelli, toute l'ancienne Régence est soumise, et notre autorité sur les tribus est beaucoup mieux établie et plus réelle que ne l'était celle des Turcs. Notre influence s'étend des frontières de Tunis à celles du Maroc, et n'a de limite au sud que le petit Désert. Tous les fonctionnaires indigènes, depuis les Kralifas, qui sont les plus hauts dignitaires, jusqu'aux plus petits Cheikes, relèvent de la France; nous avons donc maintenant entre les mains tous les moyens imagi-

nables de nous faire obéir et d'obtenir l'arrestation
des criminels qui tentent de se soustraire à la vin-
dicte de nos lois. Or la désertion n'est-elle pas un
crime qui nécessite une répression immédiate, un
châtiment exemplaire qui frappe de terreur tous
ceux qui pourraient avoir eu un instant la pensée
de s'y livrer?

Une preuve évidente que notre autorité sur les
populations indigènes est solidement assise, et qu'elle
est partout respectée, c'est qu'il n'y a pas un malfai-
teur, si protégé qu'il soit par ses liens de parenté,
qui trouve un refuge où il puisse mettre à l'abri sa
tête; il est repoussé par ses coreligionnaires eux-
mêmes, et il ne tarde pas à être livré à la justice des
tribunaux français; c'est qu'il ne se vole pas un
cheval, un mulet, un âne, que l'on ne découvre
aussitôt les traces des voleurs et qu'on ne les arrête
à cinquante et soixante lieues d'Alger.

La découverte et l'arrestation des déserteurs
offrent-elles plus de difficultés? Non, assurément;
car après l'esquisse que je viens de tracer, il devient
impossible de résoudre, autrement que par l'affir-
mative, la question que j'ai posée antérieurement :
La désertion est-elle ou non réprimable?—Il ne s'agit
que de s'occuper sérieusement de sa répression.

Il ne me reste plus, pour terminer ce chapitre,
qu'à indiquer d'abord une mesure dont la mise à
exécution réduira sensiblement les cas de désertion,
—et à préciser ensuite le mode à employer de pré-

férence, selon moi, pour faciliter la recherche et l'extradition des déserteurs.

1° Il ne faut accepter l'engagement d'aucun indigène appartenant à une tribu insoumise, sur laquelle nous n'avons aucun moyen d'action. Le nombre de ces tribus est maintenant très restreint, et lorsque la chaîne des montagnes Kabiles de l'Est aura subi notre domination, il n'y aura plus, pour ainsi dire, personne à refuser, et cette règle se trouvera sans application. Mais en attendant, il ne sera pas moins essentiel de la faire observer, et c'est une obligation qu'il convient d'imposer aux fonctionnaires autorisés à recevoir les admissions des indigènes.

2° Nous sommes en Afrique dans une situation exceptionnelle qui nous place souvent en dehors des cas prévus par les lois et ordonnances applicables au sol français. La circulaire ministérielle du 29 juillet 1819, qui a modifié diverses dispositions précédemment en vigueur, invite les chefs de corps à adresser à l'avenir, lorsqu'un militaire aura été déclaré déserteur, trois expéditions de son signalement (*Modèle, n° 1*), dont l'une à M. le Ministre de la Guerre, l'autre au Préfet du département où était domicilié le prévenu avant son entrée au service, et la troisième au Colonel de la Légion de Gendarmerie, dans l'arrondissement de laquelle ce département se trouvera situé. L'accomplissement de ces formalités, toujours efficace en France, est ici en partie inexécutable, et ne remplit jamais en outre le but dans lequel il a été prescrit. La Gendarmerie n'exerce guère en Algérie son influence que dans le cercle des villes et places où elle réside ; elle n'est point chargée de la police arabe dans l'intérieur du pays et il ne lui est même pas permis de s'immiscer aux affaires des tribus. Envoyer au Colonel de la Gendarmerie le signalement d'un déserteur qui s'est réfugié, par exemple, chez les Soumathas ou dans l'Oued-Zitoun, c'est prendre un soin inutile dont les résultats négatifs peuvent être prévus à l'avance.

C'est aux Directions des affaires arabes que tous les déserteurs doivent être signalés, et c'est à elles à faire usage des mesures nécessaires pour en obtenir l'arrestation, à l'aide de tous les moyens d'action qu'elles ont d'ailleurs sur le pays.

Je pense donc qu'il est indispensable de modifier, à l'égard des corps indigènes en général, les dispositions que j'ai citées plus haut, ou tout au moins de prescrire par extension, que le double des signalements des déserteurs indigènes sera envoyé aux Directions des affaires arabes qui, de leur côté, devront user de toutes les ressources dont elles disposent pour faire poursuivre les déserteurs, quelles que soient les localités où ils se réfugient, pour les faire traquer au besoin et atteindre partout où cela sera possible. Je propose même d'adresser à ces Directions un signalement plus complet que celui qu'il est ordonné d'établir en pareil cas, et qui ne renferme pas tous les renseignements qu'il est essentiel de procurer pour amener à la découverte des coupables dans un pays où les habitudes et la manière de vivre ont si peu d'analogie avec les nôtres. Je joins ici le modèle du signalement qu'il me paraît convenable d'adopter.

Je suis persuadé que ce procédé est le meilleur à suivre pour faire retrouver et livrer les déserteurs, et que s'il est consciencieusement exécuté, il mettra bientôt un terme à la désertion, surtout si l'on ne viole pas l'interdiction que j'ai proposé de prononcer. La désertion n'ayant plus, pour ainsi dire, de refuge à espérer, deviendra de jour en jour moins fréquente et finira par s'éteindre.

Je crois en avoir dit assez sur la désertion pour avoir fait comprendre que c'est à son influence seule qu'il faut attribuer les diverses phases de décroissement qu'ont éprouvées les corps indigènes.

Je vais maintenant passer au chapitre des dépenses que nécessitera leur conservation. Ces dépenses doivent être considérablement réduites par le fait même de la répression contre la désertion, fait que l'on peut regarder comme avenu, puisqu'il ne dépend que de nous de l'accomplir.

CHAPITRE TROISIÈME.

Des dépenses
que doit occasionner l'Infanterie indigène.
Vues générales d'organisation.

PREMIÈRE PARTIE.

Il faut avouer, en commençant, que l'on a jusqu'à présent payé beaucoup trop cher les soldats indigènes ; l'on a successivement augmenté leur solde, leurs prestations en nature ; l'on a cru que l'on ne pouvait leur accorder trop d'avantages. Quel a été le motif principal qui a fait agir ainsi à leur égard ? C'était dans le but de les retenir ; c'était un appât contre la désertion que l'on offrait à leur cupidité. Voilà donc encore une des plaies engendrées par la désertion ; et je suis bien aise de constater que de même qu'elle a produit le dépérissement et l'extinction des différents corps indigènes, elle leur a nui aussi essentiellement sous ce rapport : qu'elle a été la cause de l'énormité des dépenses auxquelles leur organisation a donné lieu, dépenses qui ont fait qu'on a toujours été mal disposé envers eux et que la question de leur conservation n'a cessé d'être agitée.

C'est une erreur, ainsi que je l'ai déjà démontré d'autre part, de croire que les avantages qu'on se détermine à faire aux indigènes, quelques grands qu'ils puissent être, soient capables de les retenir, lorsque la pensée de la désertion est entrée une fois dans leur esprit. Nous en avons fait la triste expérience et les chiffres que j'ai indiqués dans le chapitre précédent en sont malheureusement la preuve; car il n'est point de faveurs qui n'aient été accordées aux bataillons de Tirailleurs indigènes depuis leur organisation ; ont elles mis une trève à la désertion? — Il n'y a que la crainte du châtiment, de la répression, qui puisse exercer une influence réelle sur le caractère des indigènes et les forcer à remplir les obligations qu'ils ont acceptées, en prenant du service à notre solde (*).

Lorsque j'ai dit que le chapitre des dépenses se trouvait intimement lié à celui de la désertion, je crois avoir été parfaitement dans le vrai. En effet, la question de répression une fois résolue, celle des dépenses ne peut recevoir de solution que dans un rapport direct. Si la désertion n'est pas réprimable, il faut licencier les corps indigènes, et l'on n'aura plus à s'occuper de leurs dépenses : si au contraire elle est essentiellement réprimable, ce que je crois avoir évidemment prouvé, il peut être apporté à ces dépenses telles réductions que l'on jugera convenable. Il en sera de la solde de ces troupes comme de leur emploi. En laissant le champ libre à la désertion, l'on sera sans cesse contraint d'user de

(*) Cette vérité est incontestable , et s'applique par extension à la plupart des hommes assujétis au régime militaire. — Voir la page 18 de ce Mémoire.

ménagements à leur égard; l'on ne pourra, ni les employer à quelque travail que ce soit d'utilité publique, ni prendre aucune des mesures que réclame habituellement la discipline. En réprimant la désertion, l'on en tirera au contraire tout le parti imaginable, et il n'y aura point de genre de services que l'on ne puisse en exiger : par la même raison, on leur donnera telle solde que l'on voudra ; il sera juste toutefois de ne pas les traiter trop mal.

Or, comme il a été suffisamment constaté que nous disposons de tous les moyens nécessaires pour mettre obstacle à la désertion, il s'en suit qu'il devient dès lors inutile de continuer aux corps indigènes tous les avantages qu'on leur a faits jusqu'à ce jour. Il suffira de leur accorder une solde qui permette de pourvoir aux premiers besoins , comme cela a lieu à l'égard des autres troupes, et leur organisation n'en sera que meilleure et plus solide. Il ne faut pas qu'un soldat ait trop d'argent ; c'est le moyen de le rendre indiscipliné et de ne pouvoir l'utiliser à volonté. Je propose de donner à l'avenir, à l'Infanterie indigène, la solde dont jouissent les Zouaves. Une expérience de quatorze années a fait reconnaître que cette solde était suffisante ; d'un autre côté, l'on n'a jamais reproché aux Zouaves qu'ils fussent trop payés ; c'est que les allocations qu'ils reçoivent ont été bien calculées, et qu'elles sont réellement celles qu'il faut accorder aux fantassins des corps spéciaux d'Afrique.

Ce nouveau mode de traitement aura en outre l'avantage de ne plus faire considérer l'Infanterie indigène comme une troupe privilégiée, et mettra un terme aux récriminations et à la jalousie auxquelles elle a été constamment en butte, et qui lui ont toujours causé un grand préjudice ; il lui attirera au contraire des sympathies qu'elle n'a pu jusqu'à présent obtenir, et elle marchera enfin tête levée, n'ayant plus à redouter d'encourir la désapprobation et d'exciter le mécontentement.

Je vais donner en quelques mots le résumé de la première partie de ce chapitre. Ce que l'on a le plus opposé à la conservation de l'Infanterie indigène, ce sont les dépenses qu'elle occasionnait ; et comme il résulte de ce qui précéde qu'elles peuvent être ramenées aujourd'hui à celles que nécessite l'entretien des Zouaves, j'en conclus que j'ai largement gagné sa cause, et que sous ce point de vue, son existence ne doit plus être menacée.

⁂

DEUXIÈME PARTIE.

Ce principe admis, qu'il faut tout entreprendre pour conserver et augmenter les troupes d'Infanterie indigène, il s'agit maintenant d'examiner le mode d'organisation qui leur convient le mieux, et les développements successifs qu'il est utile de leur donner.

Les corps d'Infanterie indigène peuvent s'alimenter par le recrutement et les enrôlements volontaires.

Il est à désirer que le recrutement soit mis aussitôt que possible en vigueur. La domination que nous exerçons aujourd'hui sur le pays permet de l'établir dejà sur un grand nombre de tribus.

Mais il y a un recensement approximatif à faire, des considérations politiques à étudier, des bases à prendre, enfin un travail complet à fournir et qui doit être, sous plusieurs rapports, spécial à chaque Province. Les Directions des affaires arabes ont à leur disposition tous les matériaux nécessaires à l'établissement de ce travail; et ce sont elles, à mon avis, qui doivent être appelées à l'élaborer et à le produire. Néanmoins si ce projet était goûté et pris au sérieux, et si l'on pensait que ma coopération à cette œuvre fut de quelque utilité, je crois pouvoir assurer, sans m'avancer trop, qu'il me serait possible de réunir tous les documents qu'exige la matière, et de présenter un ensemble complet et satisfaisant.

En attendant, les enrôlements volontaires peuvent très-bien se continuer sur tous les points; seulement il me paraît essentiel de rapporter le mode d'admission qui a été jusqu'à présent adopté.

Ici je préviendrai une objection que l'on se croira peut-être en droit de m'adresser : si la solde des tirailleurs est réduite, il ne se présentera plus volontairement aucun indigène, pour demander à prendre du service. — C'est encore là une erreur : je suis convaincu que les admissions pourront toujours avoir lieu dans la même proportion ; car le difficile n'est pas de recruter des soldats indigènes, même en faisant un choix ; l'important est de les retenir une fois qu'ils sont admis, c'est-à-dire, de se mettre en garde contre leur désertion.

J'en reviens à la réforme qu'il convient d'apporter au mode d'admission actuellement en vigueur.

Les deux derniers paragraphes de l'article 10 de l'Ordonnance royale du 7 décembre 1841, s'expriment ainsi :

« Les indigènes seront reçus sans engagement
« dans les Tirailleurs ; ils seront renvoyés, soit d'a-
« près leur demande, soit pour cause d'inaptitude
« au service ou d'inconduite. »

« L'admission ou le renvoi des indigènes aura
« lieu sur la proposition du Chef de corps et avec
« l'approbation du Commandant militaire supé-
« rieur. »

Ces dispositions sont évidemment incomplètes, donnent lieu à beaucoup d'abus et peuvent amener de graves embarras. Elles laissent un vaste champ à l'arbitraire, et sont d'ailleurs incompatibles avec les coutumes de notre législation.

« Les indigènes seront renvoyés sur leur de-
mande. » — Mais il peut arriver qu'un homme après trois mois, par exemple, de présence au corps, se dégoute du service et sollicite sa radiation. Cependant il aura reçu une première mise ; des effets de toute nature lui auront été délivrés ; il s'ensuivra qu'il aura occasionné à l'État une dépense aux trois quarts inutile. Un cas plus grave peut s'offrir : par suite de mécontentements résultant de mesures pri-

ses dans l'intérêt de la discipline, quatre ou cinq cents soldats indigènes peuvent demander simultanément à se faire rayer des contrôles. Qu'arrivera-t-il, si l'on accède à leurs désirs? Qu'il n'existera plus le lendemain un bataillon encore organisé la veille, et qu'il sera, pour ainsi dire, réduit à ses cadres.

« Mais les radiations ne s'opèrent que sur la propo-
« sition du Chef de corps, et il ne leur donnera son
« assentiment qu'autant que la mesure lui semblera
« opportune. »

C'est ici que l'arbitraire peut s'exercer sans contrôle; tel Chef de corps qui voudra présenter constamment un effectif considérable, ne consentira jamais à proposer aucune radiation; il retiendra ainsi ses soldats indéfiniment au service, et ceux-ci mettront à leur tour tout en usage pour s'y soustraire.

Il est nécessaire d'établir à cet égard une règle qui mette un terme à ces abus; la meilleure à prescrire, c'est d'obliger les Tirailleurs indigènes à contracter des engagements. Car, en outre des inconvénients que j'ai signalés, il en est un capital qui fera mieux sentir encore l'indispensabilité de cette mesure. Les conseils de guerre se refusent à juger nos soldats pour le fait de désertion, par le motif que ces derniers ne sont pas liés au service; plusieurs déserteurs dont la culpabilité avait été pleinement constatée et dont j'avais obtenu la mise en jugement ont été acquittés et renvoyés; et les conseils de guerre ont même déclaré officiellement qu'ils ne condamneraient jamais comme déserteurs les Tirailleurs indigènes, tant qu'ils continueraient à être admis sans engagement.

Tous ces motifs me semblent assez suffisants pour que l'on oblige les indigènes qui se présenteront pour servir dans les Tirailleurs, à contracter un engagement régulier, dans les formes prescrites.

La durée de l'engagement me paraît devoir être fixée à trois ans, du moins quant à présent. Plus tard, si le recrutement est mis en vigueur, et surtout si l'on se décide à créer des régiments indigènes et à les envoyer en France à tour de rôle, je crois qu'il conviendra de porter la durée de cet engagement à cinq ans. L'on aura de cette manière de meilleurs soldats, et les frais de première mise et d'entretien deviendront moins dispendieux.

Revenant à l'actualité, j'émets donc cette opinion qu'il est urgent de procéder dès aujourd'hui à l'organisation des troupes d'Infanterie indigène, d'après les principes que j'ai exposés, et sur les bases que j'ai indiquées, soit qu'on les laisse exister en bataillons isolés, formant corps, soit que l'on se décide à les amalgamer avec les Zouaves et à créer de nouveaux régiments. Ce mode d'organisation sera fort simple et ne suscitera ni embarras, ni complication, puisqu'il ne s'agit que de les traiter à l'avenir absolument comme les Zouaves, sous le rapport de la solde et des allocations.

Il y aura seulement quelques mesures exceptionnelles à prendre, quelques ménagements à garder dans le principe; je vais les faire connaître.

Il conviendra pendant quelque temps encore encore de ne point mêler les indigènes aux français. et de réunir les premiers par bataillon, lorsque cela sera possible, ou tout au moins par compagnie, dans le cas contraire. Il n'existe pas encore assez de conformité de goûts et d'habitudes, de sympathie entre les deux races, pour que le mélange soit praticable; il serait, à mon avis, préjudiciable aux uns et aux autres, et il n'y a d'ailleurs aucune nécessité à l'effectuer.

En second lieu, il me paraît aussi indispensable de ne point encore astreindre les indigènes à percevoir les vivres de campagne en station. Ils préfèrent se nourrir à leur guise, et l'on peut bien leur faire cette concession, qui ne présentera par le fait aucun inconvénient, et qui aura de plus l'avantage dc leur conserver, à peu de chose près, la solde dont ils jouissent aujourd'hui. Cela n'augmentera point la dépense, puisqu'ils ne recevront en argent que ce que les Zouaves perçoivent en nature. Cette mesure aura encore pour résultat d'atténuer l'effet du nouveau régime qui leur sera imposé, et rendra la transition moins brusque.

Lorsqu'ils seront en expédition, ou employés aux travaux des routes, ils percevront les vivres de campagne en nature, et leur solde sera ramenée purement à celle des Zouaves.

Les deux exceptions que je viens de signaler ne sont pas sans avoir de l'importance, et je crois que l'on fera bien de les consacrer.

CONCLUSION.

Voici les principaux axiòmes qui sont les corollaires de ces notes :

« C'est une nécessité pour la France de conserver et d'augmenter l'Infanterie indigène ;

Cette nécessité lui est imposée par son intérêt même, et sous un double rapport, moral et politique ;

La désertion est la seule pierre d'achoppement qui ait mis obstacle jusqu'à présent à la prospérité de l'Infanterie indigène ;

La désertion est devenue aujourd'hui à peu près impossible ; car nous disposons de tous les moyens imaginables pour la réprimer ;

L'entretien de l'Infanterie indigène ne doit pas coûter plus cher que celui des Zouaves ».

Ces conclusions me paraissent découler naturellement des remarques et des réflexions que l'on vient de lire. J'ajoute qu'elles expriment réellement ma conviction ; et je suis bien aise en même temps d'affirmer que je ne les ai présentées que dans un but d'utilité générale et d'intérêt public ; c'est pourquoi je désire vivement qu'elles soient accueillies et adoptées.

Blida , le 6 novembre 1844.

P. S. Il peut se faire que l'on remarque quelques con-
tradictions entre ce mémoire et celui que j'ai écrit le 18 juillet 1843 ; j'étais à cette époque sous la pénible impression
des désertions qui affligeaient le corps ; je ne voyais pas
alors la possiblité de les réprimer efficacement ; j'avais du
mécontentement et de l'irritation contre les soldats indigènes , et je les ai peut-être un peu trop mal traités.

Je suis persuadé aujourd'hui que , dans les conditions ac-
tuelles de la situation du pays , la désertion est parfaitement
réprimable, et c'est là, je le répète, où gît toute la question.
Si les indigènes n'ont plus la facilité de nous abandonner à
leur fantaisie en désertant , l'on pourra en former de très-
bonnes troupes ; il y a en eux tout ce qu'il faut pour cela.
N'ai-je pas moi-même obtenu d'excellents résultats , malgré
la désertion et les autres obstacles que j'ai eu à vaincre ?
Le bataillon que je commande n'a-t-il pas tenu un rang ho-
norable dans les expéditions auxquelles il a pris part , et
MM. les Inspecteurs-généraux ne m'ont-ils pas exprimé leur
satisfaction sur les divers progrès qu'ils ont bien voulu
constater ?

BATAILLON DE TIRAILLEURS INDIGÈNES D'ALGER ET DE TITHERI.

ÉTAT NUMÉRIQUE DES DÉSERTEURS,

Depuis l'organisation du corps (1ᵉʳ août 1842), jusqu'au 1ᵉʳ octobre 1844, avec indication des localités auxquelles ils appartiennent, et du nombre d'armes qu'ils ont emportées.

PROVINCES.	DÉSIGNATION DES	VILLES, TRIBUS, etc.	Nombre de déserteurs.	Nombre de fusils emportés par les déserteurs.	OBSERVATIONS
PROVINCE D'ALGER.	PARTIE EST.	Alger	8	1	
		Krachna	22	4	
		Beni Djâd	11	8	
		Arib	11	»	
		Oued Zitoun	56	48	
		Beni Aïcha	8	4	
		Ammal	4	»	
		Dremcha	1	1	
		Amraoua	10	»	
		Flica	8	5	
		Dellis	1	»	
	PARTIE SUD.	Kouba	1	»	
		Beni Mouça	23	3	
		Beni Krélil	25	7	
		Beni Misra	4	»	
		Beni Selimen	6	3	
		Beni Kralifa	2	1	
		Beni Salah	7	3	
		Beni Meçaoud	4	1	
		Oulad sidi Lakrdar	3	»	
		Oulad sidi Iahia	1	»	
	PARTIE OUEST.	Koléa	3	»	
		Hadjouth	11	2	
		Mouzaïa	14	2	
		Soumatha	5	»	
		Beni Menad	4	1	
		Bou-Halouan	6	»	
		Meliana	4	1	
		A reporter.	265	93	

PROVINCES.		DÉSIGNATION DES VILLES, TRIBUS, etc.	Nombre de déserteurs.	Nombre de fusils emportés par les déserteurs.	OBSERVATIONS
		Report. . .	265	93	
		Beni Zoug-Zoug. .	12	4	
		Rirha	6	3	
		Beni Menacer . . .	13	11	
		Beni Ferha	6	1	
		Braz.	10	3	
		Medjadja	1	1	
		Hamis.	2	1	
		Beni Abbas	4	3	
		Sbièh	6	1	
		Oulad Krouidem. .	5	»	
		Beni Ourarh. . . .	7	2	
SUITE DE LA PROVINCE D'ALGER.	PARTIE OUEST.	Oulad Keciir . . .	14	5	
		Sendjès	10	»	
		Attaf	15	4	
		Beni Boukrennous.	4	1	
		Halouïa	4	1	
		Beni Rhalia	2	1	
		Rhérib	5	»	
		Beni Boudouan . .	11	6	
		Beni Chaïb	2	1	
		Oulad Aïad	2	»	
		Mathmata	1	»	
		Thaza.	2	»	
		Belal	3	2	
		Oulad Thaïeb . . .	1	»	
	PROVINCE D'ORAN.	Oran	6	2	
		Mostaganem. . . .	1	»	
		Kelâa	1	1	
		Menaoûer	1	»	
		Maskara	5	»	
		Hachem.	2	1	
		A reporter. . .	435	146	

DÉSIGNATION DES		Nombre de déserteurs.	Nombre de fusils emportés par les déserteurs.	OBSERVATIONS
PROVINCES.	VILLES, TRIBUS, etc.			
	Report. . .	435	146	
	Médéa.	5	2	
	Ouzra.	4	1	
	Djendel.	14	7	
	Oulad Bessem . . .	4	1	
	Hacen ben Ali. . .	2	»	
	Douihasni.	2	1	
	Bou-Aïch	1	»	
	Beni Ahmed. . . .	5	2	
	Oulad Mokrhan . .	2	2	
	Oulad Lekred . . .	2	1	
PROVINCE	Oulad Arradj . . .	4	2	
DE	Oulad el Hadj. . .	2	»	
TITHERI.	Hateba	4	»	
	Oulad Rebah . . .	4	1	
	Bou-Thaleb. . . .	1	»	
	Sari.	2	»	
	Kelaa.	1	»	
	Oulad Keiss. . . .	1	»	
	Oulad Naïl.	5	2	
	Rahman.	1	»	
	Beni Maïda	2	»	
	El-Djerid	1	»	
	Beni El-Arhouat. .	1	»	
	Constantine	6	2	
	Djema.	1	»	
PROVINCE	Mouzaï	1	»	
DE	Serim.	1	1	
CONSTAN-	Feurmsa	1	»	
TINE.	Keredja.	1	»	
	Bône	5	1	
	Hannécha.	1	»	
	Djidjelly	2	1	
	A reporter. .	521	175	

DÉSIGNATION DES		Nombre de déser- teurs.	Nombre de fusils emportés par les déser- teurs.	OBSERVATIONS.
PROVINCES.	VILLES, TRIBUS, etc.			
	Report. .	521	173	
Suite de la PROVINCE DE CONSTAN- TINE.	Bougie	7	1	
	Mezzaïa.	1	»	
	Sétif.	2	2	
	Mecila.	3	»	
	Biskara	7	1	
DÉSERT.	Beni Mezab	2	2	
SOUDAN.		1	»	
RÉGENCE DE TUNIS		10	4	
EMPIRE DE MAROC.		11	5	
ORIGINES DIVERSES		23	9	
Total. . .		587	195	

RÉCAPITULATION.

PERTES.	Fusils.	Mousquetons.	Sabres.	Couvertures.	Demi-Couvertures.	OBSERVATIONS.
Emporté par les déser- teurs.	193	2	»	254	5	
Perdu par la faute des hommes.	48	1	3	123	8	
Perdu par évènements de guerre.	35	»	1	54	59	
Totaux.	276	3	4	431	52	

BATAILLON DE TIRAILLEURS INDIGÈNES D'ALGER ET DE TITHERI.

(MODÈLE.)   SIGNALEMENT D'UN DÉSERTEUR.

NOMS ET PRÉNOMS.	SIGNALEMENT.	DATE de l'entrée au service.	ÉTAT MILITAIRE DU PRÉVENU.	GRADE.	JOUR où il a été déclaré déserteur.		CIRCONSTANCES PARTICULIÈRES DE LA DÉSERTION	RENSEIGNEMENTS UTILES.	OBSERVATIONS.
					à l'intérieur.	à l'Étranger.			
MOHAMMED BEN ABDELKADER.	Dernier domicile à Ahel Tikzal, tribu des Beni Boudouan. Subdivision de Meliana. Province d'Alger. Profession de cultivateur. Fils de feu Abd-el-Kader et de Zineb, domiciliée à Aïn Keceb, tribu de Sendjès, subdivision d'Orléansville, province d'Alger. Année présumée de la naissance, 1822. Né à Belas, tribu des Beni-Boudouan, subdivision de Meliana, province d'Alger. Taille, 1m 600m. Visage ovale, front ordinaire, yeux bruns, nez ordinaire, bouche moyenne, menton rond, cheveux et sourcils bruns. Teint brun. Marques particulières. Une cicatrice au coin de la bouche. Célibataire.	8 Déc. 1843.	Admis sur sa demande	Tirailleur.	16 Janv. 1844.		Cet homme est parti dans la nuit du 15 au 16 janvier 1844 ; il a laissé tous ses effets d'habillement ; mais il a emporté deux fusils. Il a été rencontré, le 16 au matin, dans la vallée de l'Ouedjer.	Il a deux frères à Oulad-Ali, tribu d'El – Attaf, subdivision de Meliana. Il a été lui-même Krammès à Btatcha, tribu des Oulad – Keciir, subdivision d'Orléansville, chez le cheïkr Ali-Ben-Kacem.	